# 안녕하세요!

이 책에서는 소개하는 재료는 모두 안전하지만
슬라임을 만들 때는 항상 다음과 같은 규칙을 주의해 주세요.

슬라임을 만들기 전에

★ 시작하기 전에 먼저 설명을 잘 읽은 뒤 꼼꼼하게 따라해 주세요.

★ 모든 재료와 도구를 준비해 놓고 슬라임 만들기를 시작합니다.

★ 필요한 재료에 나오지 않는 재료는 사용하지 마세요.
슬라임을 만들기 전에 먼저 보호자가 확인을 해 주세요.

★ 반드시 지켜봐줄 보호자가 있을 때만 슬라임을 만들어요.
보호자가 대신 해줘야 하는 부분도 따로 표시해 뒀어요.

★ 슬라임을 만들 때는 음식을 먹지 않습니다. 먹을 수 없는 슬라임은 절대로
입에 넣으면 안 돼요. 절대로요! 먹을 수 있는 슬라임은 입에 넣어도 됩니다.
먹어도 되는지 잘 모르겠으면 표에 나온 주의할 점을 확인해 보세요.
먹을 수 있는 슬라임도 24시간이 지나기 전에 먹기를 추천합니다.
시간이 지나면 처음처럼 맛있지 않거든요.

★ 슬라임을 만들 때는 만 3세 미만의 유아와 반려 동물은 가까이 오지 못하게 해 주세요.

★ 보호 안경을 사용하고 슬라임을 만진 손으로 눈을 만지지 않도록 주의하세요.

★ 슬라임은 단단한 표면 위에서 만들거나 가지고 놀아요. 가구나 카펫,
그 밖의 청소하기 힘들고 상하기 쉬운 물건에 닿지 않게 하세요.

★ 슬라임은 항상 밀폐 용기에 넣어서 냉장고에 보관하세요(64쪽 참고).

★ 물감이나 식용 색소를 사용할 때는 물이 들거나 얼룩이 생길 수 있으니 주의하세요.
손이 물들지 않게 비닐장갑(일회용 장갑)을 끼고 만들면 좋아요.

★ 손을 씻은 뒤 슬라임을 만들거나 가지고 놀아요. 끝난 뒤에도 꼭 손을 씻어 주세요.

★ 슬라임을 다 만들면 스스로 정리해요!
슬라임을 만든 표면을 닦고 도구를 깨끗하게 씻어 줍니다(64쪽 참고).

★ 물감은 너무 오래 만지지 말고 사용한 뒤에는 곧바로 손을 씻어 주세요.

★ 슬라임을 만질 때 손에 핸드크림을 바르면 들러붙지 않아요.

세계 최고 슬라임

First published in Great Britain in 2017 by
Dorling Kindersley Limited
80 Strand, London, WC2R 0RL

Copyright © 2017 Dorling Kindersley Limited
A Penguin Random House Company
10 9 8 7 6 5 4 3 2 1
001–309885–Dec/2017

A WORLD OF IDEAS:
SEE ALL THERE IS TO KNOW

www.dk.com

세계 최고
슬라임

2019년 7월 10일 초판 1쇄 인쇄
2019년 7월 15일 초판 1쇄 발행

| 펴 낸 이 | 노영혜
| 번   역 | 김혜연
| 감   수 | 김정일(종이문화재단 영등포종이문화교육원장)
| 편집진행 | 정규일, 한연재, 국현철, 최정일, 안영준, 박선경
| 발 행 처 | (주)종이나라
| 등   록 | 1990년 3월 27일 제1호
| 주   소 | 04606 서울시 중구 장충단로 166
           종이나라빌딩 7층
| 전   화 | (02)2264-7667
| 팩   스 | (02)2264-0671
| 홈페이지 | http://www.jongienara.co.kr

주문번호 CAB00083
ISBN 978-89-7622-796-6 13630
정가 10,000원

이 책의 한국어판 저작권은 종이나라에 있습니다.
저작권법에 의해 한국내에서 보호를 받는 저작물이므로
무단전재 및 무단 복제를 금합니다.

※ 잘못된 책은 바꾸어 드립니다.

목차

 먹을 수 없는 슬라임

6	슬라임의 원리
8	늘어나는 슬라임
10	생크림 슬라임
12	투명 슬라임
14	퍼티 슬라임
16	반짝반짝 별 슬라임 변형 – 파티 슬라임
18	크런치 슬라임
20	향기 나는 슬라임
22	글리터 슬라임
24	팝핑 슬라임
26	그라데이션 슬라임
28	골드 슬라임 변형 – 골드 글리터 슬라임
30	유니콘 슬라임
32	메탈릭 슬라임
34	모래 슬라임
36	몬스터 슬라임

38	스노우 슬라임 변형 - 컬러풀 스노우 슬라임
40	가짜 콧물
42	폼폼 슬라임 변형 - 알파벳 슬라임
44	겨울왕국 슬라임
46	보석 속에 갇힌 공룡
48	부글부글 늪 슬라임
50	버블 슬라임
52	고스트 슬라임

🍴 먹을 수 있는 슬라임

56	찐득찐득 초콜릿 슬라임 변형 - 초콜릿 칩 슬라임
58	끈적끈적 마시멜로 슬라임
60	꼬마곰 슬라임
62	줄무늬 슬라임

64	슬라임 보관 방법과 뒷정리 규칙 슬라임 Q & A

*계량의 기준
책에 나오는 1 큰술은 15ml, 1 작은술은 5ml입니다.

기본 슬라임 재료

이 책의 레시피를 따라 슬라임을 만들 때 꼭 필요한 재료와 도구입니다.

넓고 깊은 그릇

계량스푼

종이나라 「착풀」

종이나라 「만능본드」

혼합용 스푼 또는 주걱

옥수수 전분

렌즈 세척액 또는 슬라임 액티베이터

베이킹 소다

면도 거품

추가 재료는 레시피마다 어떤 재료가 필요한지 더 자세하게 나와 있어요.

종이나라 「포스터물감」

플라스틱 구슬과 보석, & 뽕뽕이

종이나라 「컬러 액체풀」

식용 색소

반짝이 가루

인형 눈

이 책에 나온 재료는 주변에서 찾기 쉽답니다. 만약 찾기 힘든 재료가 있으면 인터넷 검색을 해 보세요.

먹을 수 없는 슬라임

윽! 여기 나온 슬라임은 절대로 먹으면 안 돼요.
엉망진창 슬라임 만들기를 좋아하는 우리지만
슬라임을 쏟거나 떨어뜨리면 잊지 말고 꼭 치우기예요. 약속!
이제 책장을 넘기면 재미난 슬라임 세상이 펼쳐집니다.

슬라임의 원리

만드는 시간 : **5분**

난이도 : **쉬움**

주의할 점 :
절대 먹지 말 것

제일 쉬우면서 제일 멋진 방법이에요.
고체에서 액체가 됐다가 금세 다시 고체로 변해요.
고체는 일정한 모양과 부피를 가지고 있으며
액채는 모양이 변하며 일정한 형태를 가지지 않아요.

필요한 재료

* 옥수수 전분
* 물
* 식용 색소

1

옥수수 전분을 크게 한 숟가락 떠서 넓고 깊은 그릇에 넣어요.

2

걸쭉한 슬라임이 만들어질 때까지 물을 조금씩 넣어 주세요.

3

슬라임을 한 움큼 떠서 손에 쥐고 조물조물 눌러 주세요.
혼합물이 고체가 될 때까지 멈추지 말고 쥐고 놓고를 반복합니다.
그러다가 손을 벌리면 슬라임이 다시 액체로 변할 거예요.

식용 색소를
몇 방울 섞으면 순식간에
진한 색으로 변해요.

⚠️ 얼룩 주의!

슬라임 과학 상식

이 슬라임을 주먹으로 때려보면 고체처럼 반응해서 손가락이 쑤실 거예요. 하지만 손가락으로 부드럽게 찔러 보면 액체처럼 느껴진답니다. 이상하죠? 수백 년 전에 유명한 과학자 아이작 뉴턴이 액체가 어떻게 움직이는지 연구한 적이 있는데요, 이 슬라임은 뉴턴이 찾아낸 법칙을 따르지 않기 때문에 비 뉴턴 유체(Non-Newtonian Fluid)라고 부릅니다. 유체는 변형이 쉽고 흐르는 성질을 가지고 있어요.

늘어나는 슬라임

만드는 시간 : 10분

난이도 : 쉬움

주의할 점 :
절대 먹지 말 것

엄청나게 재미있는 레시피를 알려 줄게요.
지금 만드는 끈끈한 녀석이 이 책에 나오는
다른 멋진 슬라임의 바탕이 될 거예요.

필요한 재료

* 종이나라 「만능본드」 45ml
* 종이나라 「착풀」 90ml
* 종이나라 「포스터물감」 또는 식용 색소
* 베이킹 소다 1/2 작은술
* 렌즈 세척액 또는 액티베이터
* 글리세린 소량

1
넓고 깊은 그릇에 「만능본드」와 「착풀」,
베이킹 소다를 넣고 섞어 주세요.
* 베이킹 소다는 슬라임을 뭉치는 역할을 합니다.
  많이 넣으면 댕댕해지니 조금씩 넣으세요.

2
「포스터물감」을 조금씩 넣으며 잘 저어 줘요.
다양한 컬러의 「레인보우 컬러 액체풀」을
사용해도 보다 편리합니다.

3
렌즈 세척액을 넣고 잘 섞어 줍니다.
슬라임이 끈적끈적하게 늘어나기 시작할 거예요.
그릇 가장자리에서 떨어지면 글리세린을 소량
넣은 후, 손으로 눌러가며 반죽해 주세요.

슬라임 과학 상식

풀은 폴리머라고 하는
긴 분자(원자의 집합)로 이루어져 있어요.
풀과 렌즈 세척액이 만나면
폴리머들끼리 서로 달라붙게 되죠.
그러면 액체였던 풀이 탄력 있고
잘 늘어나는 고체로 변한답니다.

슬라임이 퍽퍽하거나 굳었을 때는
수분이 많은 수딩젤이나
글리세린을 섞어주면 촉촉해집니다.

⚠ 얼룩 주의!

생크림 슬라임

만드는 시간 : 10분

난이도 : 쉬움

주의할 점 :
절대 먹지 말 것

크림처럼 무지무지 부드러운 슬라임을 잔뜩 만들어 봐요.
마치 마시멜로 구름처럼 느껴질 거예요.
하지만 무슨 일이 있어도 절대 먹으면 안 돼요!

필요한 재료

* 종이나라 「만능본드」 60ml
* 종이나라 「착풀」 100ml
* 면도크림 400ml (쉐이빙 젤 불가능)
* 원하는 색깔의 식용 색소
* 베이킹 소다 1/2 작은술
* 렌즈 세척액 또는 액티베이터
* 글리세린 소량

1 면도크림과 식용 색소 몇 방울을 섞어 주세요. 그 다음 「만능본드」와 「착풀」, 베이킹 소다를 넣고 잘 저어요. 모든 재료가 완전히 섞이도록 해주세요.

2 이제 렌즈 세척액 1 큰술을 넣고 잘 저어 줍니다. 혼합물이 실처럼 늘어나기 시작하면 거의 완성이에요.

3 이제 손을 쓸 차례예요! 글리세린을 넣고 폭신폭신 부드러워질 때까지 반죽해 주세요. 반죽이 뭉치지 않으면 소다를, 끈적거리면 렌즈 세척액을 넣어요.

슬라임 과학 상식

면도크림(쉐이빙 폼)은 조금 특별해요. 경우에 따라 기체일 수도 액체일 수도 고체일 수도 있거든요. 캔 안에서는 기체인데 짜면 고체가 되죠. 그리고 시간이 지나면 거품이 액체로 변해요. 이렇게 상태가 변하는 녀석은 흔하지 않답니다!

⚠️ 얼룩 주의!

투명 슬라임

처음에 만들면 불투명 합니다. 공기 방울이 모두 터질 때까지 며칠을 기다려 주세요.
그러면 투명하게 변해서 왜 유리 슬라임이라는 별명이 붙었는지 알게 될 거예요.
다른 멋진 슬라임의 바탕이 됩니다.

필요한 재료

* 종이나라 「착풀」 140ml
* 베이킹 소다 1 작은술
* 따뜻한 물 1 작은술
* 렌즈 세척액 또는 액티베이터
  (액티베이터를 사용할 때는
  베이킹 소다를 넣지 않아도 됩니다.)

슬라임 과학 상식

슬라임을 만드는 동물도 있답니다.
먹장어는 걸쭉하고 끈적거리는
투명한 점액을 분비해서
적의 공격을 막아내요.
그래서 가끔 콧물 장어라고 불린답니다!

베이킹 소다와 물을 넣고
깊은 그릇에 넣어요.

「착풀」을 넣고 잘 섞습니다.
그 다음 렌즈 세척액을 조금 넣으면서
혼합물이 다 같이 찐득찐득해질 때까지 저어 주세요.
렌즈 세척액은 풀이 뭉쳐지도록 합니다.
하지만 많이 넣으면 잘 끊어집니다.

만드는 시간 : 2~3일

난이도 : 쉬움

주의할 점 : 절대 먹지 말 것

⚠ 얼룩 주의!

슬라임이 커다랗고 투명한 공 모양으로 뭉쳐질 때까지 섞어 주세요. 안쪽에 공기 방울들이 있을 텐데요, 매일매일 슬라임을 관찰해 보면 어느새 공기 방울이 다 사라질 거예요. 그럼 이제 재미있게 가지고 놀아요!

퍼티 슬라임

만드는 시간 : 15분

난이도 : 쉬움

주의할 점 :
절대 먹지 말 것

간단한 재료 두 가지로 재미있는 슬라임을 만들어요. 엄청나게 부드러우면서도 잘 늘어나는 슬라임이에요. 한번 만들고 나면 손에서 놓지 못하게 될 거예요.

필요한 재료

* 물비누(거품형 물비누 불가능)
* 퍼티(접착제)

1

퍼티 한 조각을 꺼내서 쭉 늘리고 부드러워질 때까지 가지고 놀아요.

특급 정보!

식용 색소를 몇 방울 넣고 잘 섞어도 좋아요. 하지만 조심하세요. 색소가 여기 저기 묻을 수 있어요. 손가락에도 물이 들 수 있답니다. 그러니 비닐장갑 끼는 거 잊지 마세요.

작은 그릇에 물비누를 담아요. 퍼티를 물비누에 담갔다가 꺼내 꾹꾹 눌러가며 비누와 퍼티가 합쳐지게 해요.

2

3

계속해서 퍼티를 비누에 담갔다가 눌러서 합치는 과정을 반복해 주세요. 그러다 보면 퍼티가 점점 더 잘 늘어나게 될 거예요. 비누를 너무 많이 넣으면 퍼티가 끈적끈적해지니까 너무 많이 넣지 않도록 조심하세요.

얼룩 주의!

반짝반짝 별 슬라임

반짝이는 네온 반짝이를 뿌리면
믿을 수 없을 만큼 빛나는 슬라임이 만들어져요.

만드는 시간 :	**10분**
난이도 :	**쉬움**
주의할 점 :	**절대 먹지 말 것**

필요한 재료

* 종이나라 「착풀」 140ml
* 베이킹 소다 1 작은술
* 따뜻한 물 1 작은술
* 렌즈 세척액 또는 액티베이터
* 보라색 반짝이 가루
* 별 모양 반짝이

※ 반짝이나 색소를 구하기 힘들 때는
종이나라 「착풀」 대신
「머메이드 컬러 액체풀」을 사용하세요.

⚠️ **얼룩 주의!**

이건 어때요?

이 슬라임은 생일 파티에서
만들면 최고예요.
별 모양 반짝이 대신 내 나이에 맞는
숫자 반짝이를 준비해도 좋아요!

크런치 슬라임

무시무시하고 찐득찐득한 슬라임을 만들어요.
잘각잘각 소리도 나요!
할로윈 때 만들면 좋겠죠?

만드는 시간 : 10분

난이도 : 쉬움

주의할 점 :
절대 먹지 말 것

필요한 재료

* 종이나라 「착풀」 140ml
* 베이킹 소다 1 작은술
* 따뜻한 물 1 작은술
* 빨간색 식용 색소
* 렌즈 세척액 또는 액티베이터
* 플라스틱 구슬

※ 색소를 구하기 힘들 때는 종이나라 「착풀」 대신 「레인보우 컬러 액체풀」을 사용하세요.

1
「착풀」과 베이킹 소다, 물을 함께 섞어 줍니다.
빨간색 식용 색소를 몇 방울 떨어뜨리고 잘 저어 주세요.

2
렌즈 세척액을 조금씩 넣어가며
계속 휘저어 주세요.
그릇에 달라붙지 않을 때까지 휘저어 주세요.

3
플라스틱 구슬을 한 움큼 넣어요.
손으로 반죽해 구슬과 슬라임이 잘 섞이게 합니다.
자, 이제 오싹하고 무서운 슬라임이 완성됐어요!

특급 정보!

구슬이 서로 맞부딪치면서 잘각잘각 소리가 날 거예요. 슬라임에 구슬을 얼마나 많이 넣을 수 있는지, 그러면 구슬이 내는 소리는 어떻게 변하는지 실험해 보세요.

⚠️ 얼룩 주의!

향기 나는 슬라임

보기에도 좋고 만지는 느낌도 좋은 슬라임.
이제 냄새도 좋게 만드는 방법을
알아볼 차례예요!

필요한 재료

* 종이나라「만능본드」45ml
* 종이나라「착풀」90ml
* 종이나라「포스터물감」
  빨간색과 노란색
* 베이킹 소다 1/2 작은술
* 원하는 향의 식품 향료
* 렌즈 세척액 또는 액티베이터
* 글리세린 소량

만드는 시간 : 5분

난이도 : 쉬움

주의할 점 :
절대 먹지 말 것

 얼룩 주의!

특급 정보!

맛있는 냄새가 나지만
절대로 입에 넣으면 안 돼요!
친구들한테 장난치기 좋게 이상한
냄새가 나는 슬라임을 만들어 보면
어떨까요? 서로 어울릴 것 같지 않은
식품 향료를 섞어서 사용해 보세요!

1

깊은 그릇에 「만능본드」와 「착풀」, 베이킹 소다를 넣고 섞어 줍니다. 그리고 「포스터 물감」을 넣고 잘 저어 주세요. 완벽한 오렌지색이 나올 때까지 물감을 얼마만큼 섞으면 좋은지 시험해 보세요.

2

이제 슬라임에 오렌지 같은 냄새를 입힐 차례예요. 식품 향료를 조금 떨어뜨리고 잘 저어 줍니다.

3

다음으로 렌즈 세척액을 넣어요. 슬라임이 그릇 가장자리에서 떨어지기 시작할 거예요. 그러면 글리세린을 넣고 슬라임이 손가락에 달라붙지 않을 때까지 손으로 잘 반죽해 줍니다.

글리터 슬라임

글리터는 여러 가지 슬라임에 넣을 수 있지만, 투명 슬라임에 넣었을 때가 제일 반짝거려요.

필요한 재료

* 투명 젤 타입 팩 (화장품) 50ml
* 베이킹 소다 1 작은술
* 반짝이 가루
* 렌즈 세척액 또는 액티베이터

※ 반짝이나 색소를 구하기 힘들 때는 투명 젤 타입 팩 대신 종이나라 「머메이드 컬러 액체풀」을 사용하세요.

- 만드는 시간 : 5분
- 난이도 : 쉬움
- 주의할 점 : 절대 먹지 말 것

 얼룩 주의!

1

넓고 깊은 그릇에 투명 젤 타입 팩을 넣고 반짝이 가루를 뿌려 줍니다.
더 반짝이게 만들려면 색과 크기가 다양한 여러 가지 반짝이 가루를 넣어 보세요.

2

베이킹 소다를 넣고 저어 주세요.

반짝이 가루는 투명 슬라이밍이랑
정말이지 찰떡궁합이에요.
(12~13쪽 참고)

3

렌즈 세척액을 조금 넣고 섞어주면
슬라임이 뭉치기 시작해요.
얼마나 넣을지는 스스로 생각해 보세요.
직접 만들어 보고 실수도 하다 보면
슬라임 만들기에 익숙해질 거예요.

팝핑 슬라임

타닥타닥 터지는 슬라임을 만들고 싶지 않으세요?
시끄러운 소리가 나서 마치 유령이 남기고 간
무시무시한 괴물질처럼 보여요!

필요한 재료

* 종이나라「착풀」140ml
* 베이킹 소다 1 작은술
* 따뜻한 물 1 작은술
* 녹색 식용 색소
* 렌즈 세척액 또는 액티베이터
* 팝핑 캔디

※ 색소를 구하기 힘들 때는 종이나라「착풀」대신「레인보우 컬러 액체풀」을 사용하세요.

베이킹 소다와 물, 「착풀」을
잘 섞은 뒤 녹색 식용 색소를
조금 떨어뜨립니다.

슬라임이 실처럼 늘어나고
그릇 가장자리에서 떨어지기 시작할 때까지
렌즈 세척액을 조금씩 넣어주세요.

원하는 만큼 팝핑 캔디를 뿌려줍니다.
그 다음 그릇에 손을 넣고 모든 재료를 하나로 섞어주세요.
가지고 놀다보면 슬라임이 타닥타닥 터지기 시작할 거예요.

그라데이션 슬라임

만드는 시간 :	**20분**
난이도 :	**조금 어려움**
주의할 점 :	**절대 먹지 말 것**

내 마음에 드는 모습으로 만들 수 있다는 게 슬라임의 멋진 점이죠. 여러 가지 색깔의 물감을 사용하거나 색마다 진하기를 바꿔보세요.
그렇게 만든 슬라임을 층층이 쌓아 꼬아주면 나만의 근사한 슬라임이 만들어집니다!

필요한 재료

색깔이 다른 슬라임 하나마다 :
* 종이나라 「만능본드」 45ml
* 종이나라 「착풀」 90ml
* 종이나라 「포스터물감」
* 베이킹 소다 1/2 작은술
* 렌즈 세척액 또는 액티베이터

 ⚠ 얼룩 주의!

골드 슬라임

조심해서 만들지 않으면 골드 슬라임이 아니라
보기 싫은 갈색 덩어리가 만들어질 수 있어요!
반짝이를 넣어서 슬라임을 더 화려하게 만들어 보세요.

만드는 시간 : 10분

난이도 : 쉬움

주의할 점 :
절대 먹지 말 것

얼룩 주의!

필요한 재료

* 종이나라 「착풀」 140ml
* 베이킹 소다 1 작은술
* 따뜻한 물 1 작은술
* 렌즈 세척액 또는 액티베이터
* 플라스틱 보석 또는 구슬
* 금색 펄 물감

※ 펄 물감을 구하기 힘들 때는 종이나라 「착풀」 대신 「갤럭시 컬러 액체풀」을 사용하세요.

1

베이킹 소다와 물, 「착풀」을 섞어 주세요.
그 다음 금색 펄 물감을 넣고 휘저어서
원하는 색으로 만들어 주세요.

2 렌즈 세척액을 조금씩 넣고 저어서 슬라임이 뭉쳐지게 하세요.

3 슬라임 위에 플라스틱 구슬나 보석을 뿌려도 됩니다. 손을 넣어 슬라임을 접어가며 반죽해 주면 완성!

금색 물감을 찾기 힘들면 금색 반짝이 가루를 넣어서 정말로 반짝반짝 빛나는 슬라임을 만들면 어떨까요?

특급 정보

금색 펄이 들어간 종이나라 「갤럭시 컬러 액체풀」을 사용하면 쉽게 만들 수 있어요. 슬라임을 완성한 뒤 손 씻는 것을 명심하세요.

유니콘 슬라임

엄청나게 폭신폭신한 유니콘 슬라임은 지금까지 만든 슬라임 중 최고로 어려운 슬라임이에요.
이 책에 실린 레시피 중에서 가장 많은 슬라임을 만들 수 있어요!

필요한 재료

슬라임 하나마다 :
- 종이나라 「만능본드」 60ml
- 종이나라 「착풀」 100ml
- 면도크림 400ml (쉐이빙 젤 불가능)
- 식용 색소 4가지 (노랑, 파랑, 초록, 빨강)
- 베이킹 소다 1/2 작은술
- 렌즈 세척액 또는 액티베이터
- 반짝이 가루
- 글리세린 소량

※ 반짝이나 색소를 구하기 힘들 때는 종이나라 「착풀」 대신 「머메이드 컬러 액체풀」을 사용하세요.

1
생크림 슬라임을 네 개 만듭니다.
(만드는 법은 10~11쪽 참고)
슬라임은 각각 다른 색깔로 만드세요.

만드는 시간 : 40분
난이도 : 어려움
주의할 점 : 절대 먹지 말 것

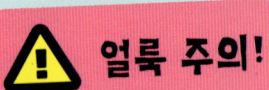
얼룩 주의!

2
각각의 그릇에 반짝이 가루를 뿌리고 잘 저어 주세요.

특급 정보!

딱 네 가지 색으로만 만들지 않아도 돼요!
얼마나 많은 줄무늬를 만들 수 있는지 도전해 보세요.
단, 슬라임의 줄무늬가 오래가지 않는다는 점만 기억해 주세요.
모든 색이 다 합쳐질 테니까요.
마지막에는 한 가지 색이 될 거예요. 바로 갈색이요!

3

슬라임을 나란히 놓아 줄무늬를 만들고 손으로 반죽해 주세요.

메탈릭 슬라임

식용 반짝이처럼 특별한 재료를 구해 슬라임을 만들어 보세요!

| 만드는 시간 : 10분 |
| 난이도 : 쉬움 |
| 주의할 점 : **절대 먹지 말 것** |

필요한 재료

* 종이나라 「착풀」 140ml
* 베이킹 소다 1 작은술
* 따뜻한 물 1 작은술
* 식용 반짝이
* 렌즈 세척액 또는 액티베이터

※ 색소를 구하기 힘들 때는 종이나라 「착풀」 대신 「갤럭시 컬러 액체풀」을 사용하세요.

1

베이킹 소다, 물, 「착풀」을 잘 섞어 준 다음 식용 반짝이를 듬뿍 뿌려줍니다.

2

식용 반짝이를 넣고 잘 저어 주세요.

3

특급 정보!

한 단계 더 멋진 슬라임을 만들 수 있는 재료는 참 많아요.
식용 반짝이처럼 케이크를 장식할 때 쓰는 재료에도 주목해 보세요.(먹으면 안 돼요)
이렇게 소소한 재료를 추가하면 나만의 멋진 슬라임이 탄생한답니다!

렌즈 세척액은 매번 조금씩만 넣고 잘 저어 주세요.
그럼 찐득거리기 시작할 거예요.
그릇 가장자리에서 떨어지면 완성!

⚠️ 얼룩 주의!

모래 슬라임

만드는 시간 : 10분

난이도 : 쉬움

주의할 점 :
절대 먹지 말 것

슬라임에 특별한 감촉을 낼 수 있는 방법은 참 많아요.
여기 가장 간단한 방법을 소개할게요.

필요한 재료

- 종이나라 「착풀」 140ml
- 베이킹 소다 1 작은술
- 따뜻한 물 1 작은술
- 노란색 식용 색소
- 렌즈 세척액 또는 액티베이터
- 놀이용 모래

※ 색소를 구하기 힘들 때는 종이나라 「착풀」 대신 「레인보우 컬러 액체풀」을 사용하세요.

슬라임 과학 상식

돌이 부서져서 작은 알갱이가 되면 모래가 됩니다. 색깔과 감촉이 다른 모래가 수없이 많이 생겨나요. 어떤 종류의 바위로 만들어졌는지에 따라 모래의 색깔이 달라진다는 사실, 알고 있었나요?

1
베이킹 소다와 물, 「착풀」, 약간의 식용 색소를 다 같이 섞어 주세요. 다양한 컬러의 종이나라 「레인보우 컬러 액체풀」을 사용하면 색소를 넣을 필요가 없어서 보다 편리합니다.

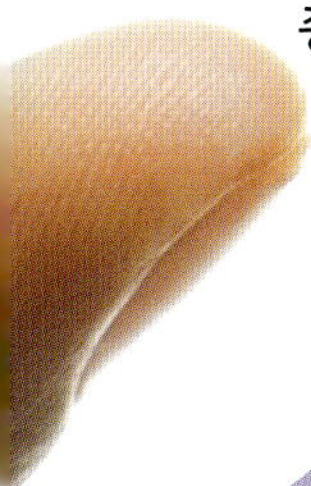

⚠️ 얼룩 주의!

2
렌즈 세척액을 조금씩 넣어 혼합물을 슬라임으로 만들어요. 슬라임이 그릇 가장자리에 달라붙지 않으면 된답니다.

3
이제 놀이용 모래를 넣고 손으로 반죽해 주세요. 거슬거슬한 감촉이 느껴질 때까지 모래를 넣어 주세요.

35

몬스터 슬라임

동글동글 인형 눈을 붙여서 흐물흐물하게 녹아버린
괴물 같은 슬라임을 만들어요!

필요한 재료

* 종이나라 「만능본드」 45ml
* 종이나라 「착풀」 90ml
* 종이나라 「포스터물감」 녹색
* 베이킹 소다 1/2 작은술
* 렌즈 세척액 또는 액티베이터
* 인형 눈
* 글리세린 소량

만드는 시간 : 5분

난이도 : 쉬움

주의할 점 :
절대 먹지 말 것

1. 「만능본드」와 「착풀」, 베이킹 소다를 섞어 주세요.
그리고 「포스터물감」 녹색을 넣고 계속해서 섞습니다.
실험이라고 생각하고 원하는 녹색이 될 때까지
물감 양을 조절해 가며 섞어 보세요.

2. 렌즈 세척액을 넣으면서 섞어요.
실처럼 늘어지기 시작하면 슬라임이
뭉쳐지고 있다는 뜻이에요.

스노우 슬라임

필요한 재료

* 종이나라 「만능본드」 60ml
* 종이나라 「착풀」 100ml
* 면도크림 400~500ml
  (쉐이빙 젤 불가능)
* 베이킹 소다 1/2 작은술
* 렌즈 세척액 또는 액티베이터
* 작은 스티로폼 볼
* 글리세린 소량

만드는 시간 : **15분**

난이도 : **쉬움**

주의할 점 :
절대 먹지 말 것

1 색소를 넣지 않은 생크림 슬라임을 만들어 주세요. (10~11쪽 참고)

스티로폼 볼을 천천히 넣어 주세요. 스티로폼 볼이 슬라임에 잘 달라붙을 거예요. 원하는 만큼 잔뜩 넣을 수 있답니다.

2

⚠ 얼룩 주의!

종이나라 「포스터물감」을 넣어서 색도 예쁘면서 감촉도 끝내주는 슬라임을 만들 수도 있어요!

특급 정보!

카펫이 있는 방에서는 슬라임을 가지고 놀지 마세요! 가지고 놀 때는 단단한 바닥이 있는 곳이 좋아요. 밖에 나가서 놀면 더 좋고요. 실수로 떨어뜨린 슬라임이 말라붙었을 때는 흰 식초로 녹일 수 있답니다.

가짜 콧물

끈적끈적하고 구역질나는 슬라임을 만들 때가 왔어요.
이 슬라임은 늘어나지는 않아요.
할로윈 때 가족과 친구들을 놀리기 좋겠죠!
물을 끓일 때 어른에게 도와달라고 하는 것만 잊지 마세요.

만드는 시간 : 2시간

난이도 : 조금 어려움

주의할 점 : 절대 먹지 말 것

필요한 재료

* 끓는 물 120ml
* 젤라틴 3 작은술
* 시럽 60ml
* 식용 색소 녹색

슬라임 과학 상식

콧물은 보기 좋진 않지만 쓸모가 많아요.
병균이나 먼지가 콧속으로 빨려 들어가 폐로 내려가지 않게 막아주는 역할을 하거든요.

1

어른들의 손을 빌릴 시간이에요.
작은 그릇에 뜨거운 물을 조심스레 담고
젤라틴을 뿌려 달라고 하세요.
그 다음 포크로 잘 저어 줍니다.

 뜨거운 물 주의!

잠깐!
젤라틴은
단백질의 하나로 뜨거운 물에
잘 녹으며, 냉각하면 다시
젤 상태로 되는 물질입니다.

2

이제 식용 색소를 넣어요.
한 번에 한 방울씩만 넣어서
코딱지랑 비슷한 색을 만듭니다.
약 1시간 동안 식혀요.
그 사이에는 만지지 마세요.

⚠️ 얼룩 주의!

3

녹색 혼합물이 젤리처럼 변하기 시작할 거예요.
이 젤리를 천천히 시럽이 든
그릇에 넣어 주세요.
슬라임이 끈적끈적하게 콧물처럼 늘어질 거예요.
윽!

폼폼 슬라임

액세서리를 넣으면 투명 슬라임이 훨씬 예뻐져요!
색깔과 감촉이 재미있는 멋진 슬라임을 만들어 봐요!

만드는 시간 : 10분

난이도 : 쉬움

주의할 점 :
절대 먹지 말 것

필요한 재료

* 종이나라 「착풀」 140ml
* 베이킹 소다 1 작은술
* 따뜻한 물 1 작은술
* 렌즈 세척액 또는 액티베이터
* 뽕뽕이 (미니 폼폼)

1

투명 슬라임을 만들어 주세요.
(12~13쪽 참고)
이번에는 기다릴 필요가 없어요.
공기 방울이 있으면 더 예뻐 보여요!

겨울왕국 슬라임

간단하고 빠르게 테마가 있는 슬라임을 만들어 보세요.
겨울에 어울리는 여러 가지 아이템과
반짝이를 넣어서 다양한 슬라임을 만들 수 있답니다.
상상력을 마음껏 발휘해 보세요!

이 슬라임은 투명 슬라임에 완전히 익숙해진 뒤에 만드세요.(12~13쪽 참고)
이 슬라임은 반짝이 성분이 들어 있는 종이나라 「머메이드 컬러 액체풀」을 사용합니다.
공기 방울이 없어질 때까지 기다리지 않아도 된답니다.

필요한 재료

* 종이나라 「머메이드 컬러 액체풀」 파란색 140ml
* 베이킹 소다 1 작은술
* 따뜻한 물 2 큰술
* 렌즈 세척액 또는 액티베이터
* 눈꽃 반짝이
* 추가 반짝이 가루 (선택 사항)

만드는 시간 : 10분

난이도 : 쉬움

주의할 점 : 절대 먹지 말 것

눈꽃 반짝이를 넣고 반죽해요.
슬라임의 멋진 점은 추가로 뭘 넣어도 좋다는 거예요.
눈꽃도 넣고 싶은 만큼 넣을 수 있죠.

슬라임이 충분히 반짝거리지 않으면
반짝이 가루를 듬뿍 넣고 반죽해 주세요.

얼룩 주의!

슬라임 과학 상식

눈꽃은 눈의 결정이라고도 해요.
눈의 결정은 하나하나 다 다르게 생겼답니다.
구름 속을 어떻게 지나느냐에 따라 모양이 달라지기 때문이에요.

보석 속에 갇힌 공룡

슬라임 깊숙이 숨겨진 선사 시대
공룡 보물을 찾아보세요!

필요한 재료

* 종이나라 「착풀」 140ml
* 베이킹 소다 1 작은술
* 따뜻한 물 1 작은술
* 식용 색소 노란색
* 금색 반짝이 가루
* 렌즈 세척액 또는 액티베이터
* 작은 플라스틱 장난감 공룡

※ 반짝이나 색소를 구하기 힘들 때는
종이나라 「착풀」 대신
「머메이드 컬러 액체풀」을 사용하세요.

1 베이킹 소다와 물, 그리고 「착풀」을 섞은 다음 식용 색소와 반짝이를 넣어 주세요.
단, 색소는 너무 많이 넣지 않는 편이 좋아요.
너무 진한 색깔이 되면 안 되거든요.

2 렌즈 세척액을 넣고 잘 저어 호박이라는 보석처럼 만들어요. 실처럼 늘어지고 그릇에서 떨어지면 됩니다.

3 슬라임이 장난감을 넣어도 떨어지지 않을 만큼 끈적끈적해지면 장난감 공룡을 넣어 주세요.

만드는 시간 : 10분
난이도 : 쉬움
주의할 점 : 절대 먹지 말 것

슬라임 과학 상식

호박은 선사시대 나무에서 흘러내린 액체가 시간이 흐르면서 돌처럼 딱딱하게 굳어서 생긴 보석이에요. 고대의 곤충이나 공룡의 일부분이 이 호박 덩어리 안에 갇힌 채로 발견되었답니다!

굳어있는 슬라임을 촉촉하게 하려면 수분이 많은 수딩젤이나 글리세린을 섞으면 촉촉해져요.

⚠️ 얼룩 주의!

47

부글부글 늪 슬라임

만드는 시간 : 2~3시간

난이도 : 조금 어려움

주의할 점 :
절대 먹지 말 것

베이킹 소다와 식초를 섞으면 슬라임이
부글부글 거품을 만들어요.
이걸 화학 반응이라고 합니다.
마치 외계 행성에서 온 것 같은
슬라임이 만들어지죠!

필요한 재료

* 무색 식초 480ml
* 잔탄검 1과 1/4 작은술
* 식용 색소
  (여러 색을 섞어서 탁한색을 만드세요.)
* 베이킹 소다

1

잠깐! 잔탄검은 식품의 점착성 및 점도를 증가시키는 식품첨가제입니다.

식초, 잔탄검, 식용 색소 몇 방울을
넓고 깊은 그릇에 넣어요.
다 같이 잘 저어 줍니다.
몽글몽글 덩어리가 생겨도 걱정하지 마세요.
그게 바로 우리가 만들려는 거예요!

슬라임 과학 상식

늪 슬라임은 식초와 베이킹 소다가
서로에게 반응하면서 거품이 끓어올라요.
이산화탄소를 만들어내거든요.
식초 대신에 레몬주스를 써도 돼요.
레몬주스에도 산이 들어 있으니까요!

혼합물을 다 젓고 나면 걸쭉해질 때까지 냉장고에 몇 시간 넣어 두세요.

깨끗한 그릇에 베이킹 소다를 두껍게 깔고 질척질척한 녹색 혼합물을 부어요. 한동안 거품이 부글부글 끓어오를 거예요.

⚠️ 얼룩 주의!

버블 슬라임

슬라임은 꾹꾹 누르고 쭉쭉 당기기만 하면서
놀 수 있는 게 아니에요.
슬라임으로 풍선을 만들어 보면 어떨까요?

필요한 재료

* 종이나라「만능본드」45ml
* 종이나라「착풀」90ml
* 분홍색 식용 색소
* 베이킹 소다 1/2 작은술
* 렌즈 세척액 또는 액티베이터

※ 색소를 구하기 힘들 때는 종이나라「착풀」대신
「레인보우 컬러 액체풀」을 사용하세요.

늘어나는 슬라임을 만들어요.(8~9쪽 참고)
이번에는 분홍색 식용 색소를 씁니다.
기포가 없도록 잘 반죽해 주세요.

슬라임에 빨대를 꽂아요.
빨대 아래쪽을 따라 슬라임을 꼭꼭
꼬집듯이 붙여 공기가 통하지 않게 합니다.
그러면 구멍으로 공기가 빠져나가지 않을 거예요.

천천히 공기를 고르게 불어 넣어 만들 수 있는 한
가장 큰 비눗방울을 만들어 봐요!
방울이 터지면 다시 빨대를 꽂고 다른 방울을 불어 보세요.

만드는 시간 : 10분

난이도 : 조금 어려움

주의할 점 : 절대 먹지 말 것

안전 우선!

빨대를 따라 올라오지는 않을 거예요. 하지만 절대로 빨아올리지 않도록 주의하세요. 슬라임이 입에 들어오는 걸 바라는 사람은 없겠죠? 생각만 해도 끔찍해요!

⚠ 빨아들이지 말 것!

⚠ 얼룩 주의!

고스트 슬라임

아주 간단하게 만들 수 있는 놀라운 슬라임이에요.
불을 끄면 빛이 난답니다!

필요한 재료

* 종이나라 「착풀」 140ml
* 베이킹 소다 1 작은술
* 따뜻한 물 1 작은술
* 야광 물감
* 렌즈 세척액 또는 액티베이터

※ 야광 물감을 구하기 힘들 때는
종이나라 「착풀」 대신
「고스트 컬러 액체풀」을 사용하세요.

베이킹 소다와 물, 「착풀」을 섞은 그릇에
야광 물감을 듬뿍 넣어 주세요.
야광 물감이 첨가된 종이나라 「고스트 컬러
액체풀」을 사용하면 보다 편리합니다.

물감을 잘 섞은 뒤 렌즈 세척액을 조금씩 넣어요.
슬라임이 그릇에 달라붙지 않게 되면 준비 끝!

이제 불을 끄고 손으로 슬라임을 반죽해요.
이 슬라임은 아직 끈적끈적할 때
야광 효과가 가장 좋아요.
다 놀고 나면 손 씻는 거 잊지 마세요

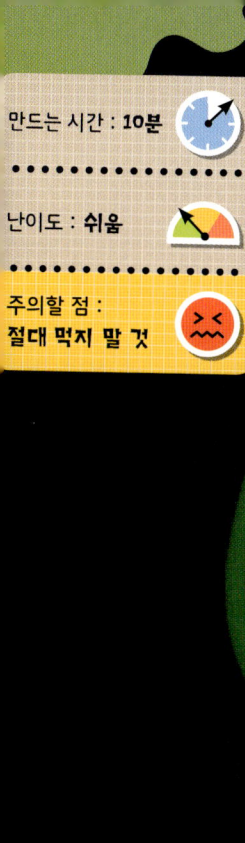

- 만드는 시간 : **10분**
- 난이도 : **쉬움**
- 주의할 점 : **절대 먹지 말 것**

야광 물감이 첨가된 종이나라 「고스트 컬러 액체풀」을 사용하면 쉽게 만들 수 있어요.

특급 정보!

어두울 때 슬라임이 빛나게 하려면 충전이 필요해요.
손전등으로 빛을 비춰주면 밝게 빛날 거예요!

 얼룩 주의!

먹을 수 있는 슬라임

슬라임이 바닥이나 몸에 달라붙지 않도록
옥수수 전분을 충분히 준비하세요!
그리고 여기 나온 레시피는 꼭 어른과 함께 만들어야 해요.
왜냐하면, 뜨거운 도구를 써야 하거든요.
뜨거워진 슬라임은 항상 어른과 함께 다루고
24시간이 지나기 전에 먹어야 합니다.

찐득찐득 초콜릿 슬라임

친구한테 장난치기 좋은 슬라임으로 완벽하죠? 보기에는 끔찍할 것 같지만 아주 맛있어요.

필요한 재료

* 연유 반 캔 (400g 캔 기준)
* 초콜릿 소스 2 큰술
* 옥수수 전분 1 큰술

만드는 시간 : **1시간**

난이도 : **어려움**

주의할 점 : **먹을 수 있으니 청결유지**

1

연유 반 캔을 냄비에 담은 뒤, 초콜릿 소스를 넣고 잘 섞어요.

옥수수 전분을 섞은 뒤 어른들에게 부탁해서 약한 불로 끓입니다. 걸쭉해질 때까지 잘 저어요. 그 다음 슬라임을 넣고 깊은 그릇으로 옮기고 식혀 줍니다. 어른들이 만져도 된다고 할 때까지 만지지 마세요.

 뜨거워요!

슬라임 위에 옥수수 전분을 뿌립니다. 손에도 전분을 묻혀 주세요. 그러면 슬라임이 지나치게 달라붙지 않을 거예요. 이제 슬라임을 만질 수 있어요!

이건 어때요?

슬라임에 오독오독 바삭바삭 맛있는 과자를 넣어 보세요. 초콜릿 칩을 넣으면 맛도 끝내주고 초콜릿 맛도 훨씬 진해져요! 건포도나 말린 과일을 넣으면 어떨까요? 슬라임이 충분히 식었을 때 3단계에서 한 움큼 넣어 반죽해 보세요.

끈적끈적 마시멜로 슬라임

만드는 시간 : 10분
난이도 : 조금 어려움
주의할 점 : 먹을 수 있으니 청결유지

맛있어 보이지만 절대로 먹으면 안 되는 슬라임이 많은데요.
이번에 만들 슬라임은 먹을 수 있답니다. 냠!

필요한 재료

* 마시멜로
  (여기에서는 큼직한 마시멜로 10개를 썼지만 원하는 만큼 더 많이 써도 돼요.)
* 옥수수 전분
* 슈거파우더

⚠️ 뜨거워요!

마시멜로를 넓고 깊은 그릇에 담고
어른들한테 전자레인지에 넣어
고출력으로 10초 돌려달라고 부탁하세요.
마시멜로가 녹을 때까지 여러 번 반복해서 돌려요.
엄청나게 뜨거워지니까 절대 건드리면 안 돼요!
식을 때까지 몇 분 기다려 주세요.

⚠️ 뜨거워요!

옥수수 전분과 슈거파우더를
반반씩 똑같은 양으로 뿌려 주세요.
한 번에 조금씩 나눠서 넣어요.
너무 많이 넣으면 슬라임이 지나치게 거칠거칠해지고
맛도 떨어질 수 있거든요. 스푼으로 잘 저어 주세요.
아직 뜨거우니까 만지면 안 돼요!

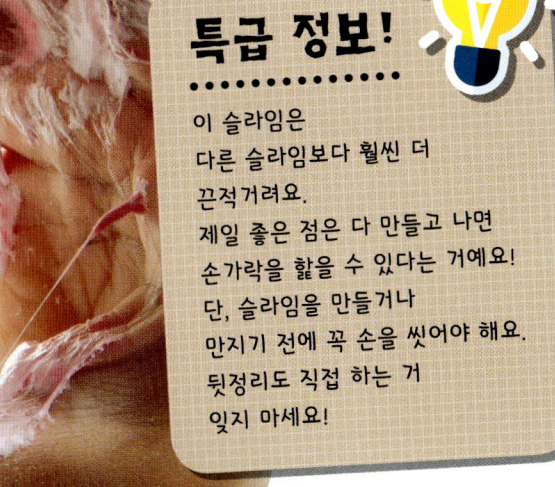

특급 정보!

이 슬라임은
다른 슬라임보다 훨씬 더
끈적거려요.
제일 좋은 점은 다 만들고 나면
손가락을 핥을 수 있다는 거예요!
단, 슬라임을 만들거나
만지기 전에 꼭 손을 씻어야 해요.
뒷정리도 직접 하는 거
잊지 마세요!

어른들한테 만져도 될 만큼 식었는지
확인해 달라고 부탁하세요.
적당히 식었으면 손을 집어넣고 재미있게 놀아요.
한 번에 다 먹지는 마세요!

꼬마곰 슬라임

젤리를 녹이면 맛도 냄새도 끝내주는 슬라임이 돼요.
꼬마곰 젤리를 녹이면 슬라임이라기보다는
퍼티처럼 된답니다!

필요한 재료

* 꼬마곰 젤리
* 옥수수 전분
* 슈거파우더

2 ⚠️ 뜨거워요!

녹은 젤리는 예쁘고 마치 유리 같아요.
하지만 조심하세요. 생각보다 훨씬 더 뜨겁답니다!
스푼으로 조심스럽게 젓거나
어른들에게 도와달라고 부탁하세요.

1 ⚠️ 뜨거워요!

좋아하는 색깔의 꼬마곰 젤리를 골라
넓고 깊은 그릇에 담아요.
어른들한테 전자레인지에 10초씩 고출력으로
돌려달라고 하세요. 젤리가 녹을 때까지 반복해요.

특급 정보!

옥수수 전분과 슈거파우더가
얼마나 필요한지는 꼬마곰 젤리를
얼마나 사용하느냐에 따라 달라져요.
작은 숟가락으로 몇 스푼씩 넣고 적당한
느낌이 될 때까지 점점 넣는 양을 늘려가세요.
옥수수 전분은 슬라임이
손에 달라붙지 않게 해주는 역할이에요.
슈거파우더는 달콤함도 더해주죠!

3

만드는 시간 : **15분**

난이도 : **조금 어려움**

주의할 점 : **먹을 수 있으니 청결유지**

옥수수 전분과 슈거파우더를
반반씩 넣고 잘 저은 뒤 식혀 주세요.
만져도 되는지
어른들한테 물어 보세요.
충분히 식었으면
그릇에서 꺼낼 수 있어요.
재미있게 가지고 놀아요!

줄무늬 슬라임

필요한 재료

* 츄잉 캔디
  (4가지 색깔로 준비하세요.)
* 슈거파우더
* 옥수수 전분

만드는 시간 : **30분**

난이도 : **어려움**

주의할 점 :
먹을 수 있으니 청결유지

1

⚠️ 뜨거워요!

츄잉 캔디의 포장을 벗기고 색깔마다 다른 그릇에 담아요.
어른들한테 전자레인지에 10초씩
고출력으로 돌려달라고 부탁하세요.
캔디가 다 녹을 때까지 반복해서 돌려요.

깨끗한 곳에 슈거파우더와 옥수수 전분을 섞어서 뿌립니다.
녹인 캔디를 그릇마다 한 숟가락씩 떠내
그 위에 올리고 식혀 주세요.
어른들한테 충분히 만져도 될 만큼 충분히 식었는지
물어 보세요.

캔디 위에도 슈거파우더와 옥수수 전분 섞은 것을 좀 더 뿌려 주세요.
그 다음 하나씩 긴 소시지 모양으로 밀어요.
이제 색색으로 층층이 쌓은 뒤 꼬아 주세요.
충분히 가지고 놀았으면 한 입 베어 물어 볼까요?

특급 정보!

슬라임이 손과 바닥에
달라붙지 않게 하려면
옥수수 전분을 충분히 준비하세요!
길게 늘이면 늘일수록
덜 끈적거릴 거예요.

63

슬라임 보관 방법

슬라임은 마르지 않게
조심해서 보관해야 해요.
공기가 통하지 않는 밀폐용기에 넣고
다 놀고 나면 냉장고에 넣어야 촉촉하고
끈적끈적한 상태가 유지되게 합니다.
슬라임 때문에 통 색깔이 변할 수도 있으니
꼭 허락을 받은 통만 쓰세요.

〈뚜껑이 있는 플라스틱 통〉

뒷정리 규칙

슬라임을 만들고 그대로 어질러 놓으면 안 되겠죠?
다음 규칙을 꼭 지키도록 해요.

* 책상이나 식탁, 바닥 등을 깨끗하게 닦은 다음
  그 위에서 슬라임을 만들어요.
* 물감이나 식용 색소 때문에 얼룩이 남을 수 있으니
  종이를 깔고 만들어요.
* 다 만들고 나면 되도록 빨리 마무리하고
  뒷정리를 해요.
* 슬라임을 만지기 전과 후에 손을 깨끗하게 씻어요.
* 슬라임이 닿은 곳은 모두 깨끗하게 닦고
  슬라임 재료와 도구를 잘 정리해요.
* 망친 슬라임은 절대로 싱크대에 버리지 마세요.
  배수구가 막힐 거예요.
* 걸레, 물티슈 등 청소용품을 사용하기 전에는
  항상 보호자에게 물어보고 사용해요.

슬라임 Q & A

이 책에 실린 레시피는 따라 만들기 쉽지만 조금이라도 다른 재료를 사용하면 슬라임의 느낌이 달라질 수
있어요. 하지만 걱정 마세요. 도전과 실수를 거듭하다 보면 원하는 대로 슬라임을 만들 수 있게 될 거예요.
여기 도움이 될 만한 몇 가지 좋은 힌트가 있어요.

 풀로 만든 슬라임이 너무 끈적거려요!
렌즈 세척액을 조금 더 넣고 잘 섞어 보세요.
원하는 정도가 될 때까지 넣어 보세요.

 먹을 수 있는 슬라임을 만들었는데 너무 끈적여요!
손에 옥수수 전분을 묻히거나 슬라임에 전분을
더 섞어 보세요. 그리고 슬라임이 엉망진창이
되는 것도 재미라는 거 잊지 마세요!

 슬라임을 잡아당기면 찢어져요!
렌즈 세척액을 너무 많이 넣은 것 같네요.
슬라임에 사용했던 풀을 조금 짜 넣고
잘 반죽해 보세요.

 슬라임이 충분히 반짝이지 않아요!
「만능본드」를 사용한다면 너무 고운 반짝이
보다는 큼직큼직한 반짝이를 쓰세요. 안 그러면
반짝이가 보이지 않을 테니까요. 그리고 반짝이가
들어간 슬라임을 만들 때 가장 중요한 규칙을
기억하세요. 반짝이를 넣고, 또 넣는 거죠.

 슬라임이 점점 딱딱해져요!
슬라임은 수명이 있어서 영원히
가지고 놀 수 없어요!
밀폐용기에 넣고 냉장고에 보관하면
일주일 정도 촉촉하게 보관할 수 있어요.
먹을 수 있는 슬라임은 딱 하루 동안만 맛있어요.
하루가 지나면 또 새로운 슬라임을 만들 때죠!